AF254034

RÉPONSE AUX CALOMNIES

LA VÉRITÉ

Sur M. EUGÈNE CHATELAIN

Un honnête homme qui s'est trompé ne rougit pas
de mettre sa conduite au grand jour.

Les Deux Amis, ou le Négociant de Lyon, drame en cinq actes acte III,
scène II. Répertoire de la Comédie-Française.

PARIS. 129, RUE SAINT-HONORÉ

1867

NOTE BIOGRAPHIQUE

Mon cher et brave ami,

Votre idée d'adresser aux habitants de Boulogne un mémoire sur les faits et gestes de vos adversaires est une très-bonne idée. Vous avez raison de divulguer vos ennemis.

Tenez! s'il en est temps encore, joignez-y la note biographique que j'ai écrite sur vous et que je vous envoie.

Votre malheur étant publiquement connu, le public a besoin de mieux vous connaître et de vous apprécier.

Vous êtes courageux! révélez donc les faits incroyables, inouïs, dont vous avez été et dont vous êtes victime encore en ce moment. Je suis persuadé, mon ami, que tous les honnêtes gens seront indignés de la conduite de vos adversaires. Puissent mes lignes vous aider à conserver la confiance que vos ennemis ont cherché à vous retirer et à vous consoler un peu, de tout le mal qu'ils vous ont fait!

A vous sincèrement.

Julien **MORIZOT,**

Ancien collaborateur au *Courrier de Boulogne-sur-Seine.*

Viroflay, 1er avril 1867.

M. Eugène Chatelain a trente-six ans. Il habite la ville de Boulogne depuis 1848.

Jeune, on le voit courageusement lutter contre les nécessités de la vie; et, malgré sa nombreuse famille (il avait quatre enfants), il réussit par son travail, son intelligence et son activité à se créer une position indépendante.

Affable, doux, honnête, il gagne vite l'estime générale.

L'année 1860 lui est fatale. La maladie, la mort, l'adultère, le vol, toutes ces calamités en quelques mois envahissent sa maison. Il résiste aux coups qui le frappent. Il lui reste pour consolation, sa mère et un enfant.

Ses affaires sont prospères. On l'aime, on l'honore, on le choie.

D'une nature ardente et d'aptitudes diverses, il fait quelques entreprises qui, habilement conçues, réussissent complétement, et bon nombre de personnes lui doivent une position excellente.

Je n'ai rien dit de son cœur. Il est bon, généreux. Un négociant qu'un homme d'affaires de Boulogne avait ruiné, est rétabli par M. Eugène Chatelain dans une grande ville de France ; et ce commerçant, qui était dans une situation *in extremis* en 1856, est aujourd'hui dans une parfaite aisance.

M. Eugène Chatelain voit commencer sa fortune vers 1861. Il sait depuis longtemps que les usuriers à Boulogne y font des ravages considérables. Il rêve de remédier à ce mal.

Il expose ses plans à un de ses clients, et le 15 janvier 1862, une caisse d'escompte est ouverte dans ses bureaux.

Les petits commerçants furent à même d'apprécier les services qu'il leur rendit pendant près de quatre ans. Il aida les uns et les autres, dans les limites de ses forces, et, par des spéculations heureuses, il fit, en très-peu de temps, la fortune de plusieurs personnes de Boulogne.

Comme tout homme sensé se doit à son pays, on le voit ensuite songer aux améliorations de la ville où il s'est fixé. Qu'on relise les collections du *Courrier de Boulogne* et de *l'Ouest parisien*, — ces deux journaux qu'il a créés, — et on se convaincra du caractère et de la volonté de l'homme dont je parle.

On ne s'est pas borné à porter atteinte à sa position, on a attaqué sa vie privée et son honneur.

Moi qui connais M. Eugène Chatelain depuis quinze ans. mieux que personne, je puis en parler, mais son honorabilité étant intacte, je n'ai pas à la justifier.

Sobre et tempérant, il abhorre les ivrognes et ne fréquente jamais les établissements publics. Et comme il aime la famille et les joies du foyer, ses adversaires cherchent à l'entacher d'immoralité, et cela, parce qu'il n'a pas auprès de lui la mère de son enfant.

Ses adversaires n'ignorent pourtant pas qu'il est séparé judiciairement de corps et de biens, et que son enfant a été confiée à ses soins par le jugement de séparation.

. . . . , ...

L'avenir dira le reste.

M. Eugène Chatelain a toute l'ardeur d'un jeune homme de vingt ans et toute l'énergie d'un homme fort. Il m'a exposé sa situation et ses idées. Je ne doute pas qu'il recouvre vivement une position qu'on a cherché à faire sombrer et à lui ravir.

Voilà ce que j'avais à dire sur cet homme que j'aime comme si c'était mon fils, et ce que je dis de lui, est l'expression de la plus exacte vérité.

Julien MORIZOT.

AUX HABITANTS DE BOULOGNE

> Un honnête homme qui s'est trompé ne rougit pas
> de mettre sa conduite au grand jour.
>
> *Les Deux Amis, ou le Négociant de Lyon*, drame en cinq actes, acte III,
> scène II. Répertoire de la Comédie-Française.

Tant de mensonges et de calomnies ont été répandues sur mon compte depuis un an, par des gens intéressés à les répandre, que je crois devoir m'expliquer publiquement, afin d'essayer à faire cesser les bruits scandaleux colportés par la malveillance et qui portent atteinte à mon honneur, à ma réputation, à mes affaires.

Dans une petite ville de quinze mille âmes, la médisance va vite en besogne. Mais je vais révéler la vérité tout entière, afin que l'opinion publique ne soit pas plus longtemps égarée.

Qu'on sache d'abord que je viens d'intenter un procès à mes calomniateurs devant le Tribunal civil de la Seine.

Au mois de juillet 1865, à l'instigation d'un individu dont je ne veux pas tracer le nom ici, M. le comte Festetits, mon associé, m'intenta un procès en nullité de société, et cela *sans aucun motif*. Il prit pour prétexte que la société constituée entre nous, le 1er décembre 1861, pour la fondation d'une caisse d'escompte à Boulogne, n'avait pas été soumise aux formalités légales : ce qui était vrai. Mais ces formalités n'ont point été remplies, parce que mon associé s'y est formellement opposé et qu'il ne voulait pas que son nom parût, à cette époque, dans aucun journal français.

Des conventions qui mirent fin au procès intervinrent entre M. Roussel, alors mandataire de mon ex-associé, et moi, le 30 janvier 1866. Je devins seul propriétaire de la caisse, et je m'obligeai de rembourser 20,000 francs à mon associé, à des époques et d'une manière déterminées.

M. Roussel décéda, et un sieur Victor Carette, agent d'affaires à Boulogne, auquel mon adversaire confia aveuglément ses intérêts, interpréta les conventions à sa façon.

Nous étions au mois de mars 1866. Ma position étant prospère, je crus devoir soutenir le procès que me suscita le sieur Victor Carette au nom de son client.

Puis, il y avait un compte à régler avec mon adversaire. On trouva aussi le moyen de le contester.

Une fatalité fit que Mᵉ Prunier-Quatremère, agréé au Tribunal de commerce, laissa prendre, *à son insu*, un jugement *par défaut*, contre moi, le 23 mars. Effectivement, le 12 avril j'appris ce fait et j'adressai immédiatement à Mᵉ Prunier, une lettre par laquelle je lui exprimais mon étonnement, et où, entre autres phrases, je lui disais :

« Malgré l'ennui que me cause cet oubli de votre part, je pré-
« fère que l'affaire soit à moi. Ah ! s'il fallait que ce fût celle
« d'un client ! ce fait pourrait nuire à mes affaires, car l'enre-
« gistrement de ce jugement s'élève à près de 300 francs.

« Enquérez-vous donc, mon cher maître, d'OU PROVIENT CET
« OUBLI. Quant à moi, je vais former mon opposition immédia-
« tement, et vous réitérerez mes offres à la barre, car j'ai eu la
« chance que mon ex-associé remît son affaire à mon confrère,
« le sieur Victor Carette, à Boulogne, qui n'a rien trouvé de
« mieux à faire que de m'intenter un procès. Voilà comme on
« pratique la confraternité dans notre bonne ville..... »

A ce moment, un double des conventions disparaît. C'était la seule pièce que mon adversaire avait remise au sieur Victor Carette. *Cette disparition, qui devra être expliquée*, ajoute aux frais près de 800 francs d'enregistrement.

C'était au 31 mai, à l'époque de la guerre d'Allemagne. Les désastres financiers se succédaient sans interruption, et, comme tous les porteurs de titres, je fus aussi frappé.

J'instruisis immédiatement mon adversaire de ma catastrophe. Et, en homme prudent, je commençai à liquider, tout doucement et sans bruit, les clients de ma caisse. Je remis les titres aux uns, l'argent aux autres, sans que personne n'eût à subir la moindre perte, la plus petite diminution. Je trouvai même le moyen de faire réaliser encore quelques bénéfices à des clients dont je pourrais citer les noms.

Cette liquidation n'échappa pas à mes adversaires, qui en firent leur première arme de calomnie.

J'ai dit que les conventions du 30 janvier 1866 fixaient mes remboursements à des époques déterminées. Le sieur Victor Carette, qui apprend ma perte, s'empresse, à l'aide des termes mêmes de l'acte, de faire faire frais sur frais. Il fit si bien, qu'au bout de quelques mois les frais s'élevèrent à près de DIX-HUIT CENTS FRANCS ! Aujourd'hui, ils s'élèvent au chiffre énorme de TROIS MILLE FRANCS !

Je laisse à l'opinion publique le soin de juger cette conduite. Et pourtant le mal n'est guère qu'à son début ! Mon ex-associé avait aussi allégué que c'était sa femme, Mme la comtesse Festetits, qui exigeait le remboursement du capital resté entre mes mains. Cette allégation était fausse, Mme la comtesse Festetits n'était pas maîtresse au logis.

Apprenant par la voie des journaux, lors de son procès avec son mari, que sa résidence est à Saint-Germain, je lui écris, et elle me fait l'honneur de la réponse suivante :

« Depuis que je suis séparée de mon mari, je ne reçois au-
« cune visite. Cependant, *vous avez été si cruellement éprouvé,*

« que je ferai exception, pour vous, Monsieur, à la règle de
« conduite que je me suis tracée, car je tiens à bien *vous as-*
« *surer que je me suis toujours vivement opposée aux rigueurs*
« *exercées contre vous par* **M.** *le comte,* etc. »

Plus tard, Mme la comtesse Festetits m'écrivait :

« Votre situation est trop pénible pour qu'elle n'intéresse
« pas des cœurs généreux. »

Mais les cœurs généreux ne sont pas ceux de mes adversaires... et les frais vont toujours.

Je me remets avec ardeur aux affaires, et les affaires
affluent de toutes parts.

Plusieurs magistrats essayent de me refaire ma position, afin de m'aider à désintéresser mon ex-associé le
plus vivement possible.

Les protections dont je suis l'objet et la confiance que
les habitants de Boulogne me continuent, excitent la jalousie du sieur Victor Carette, et il fait apposer sur les
murs de la ville, cette affiche insensée que tout le monde
a pu lire, il y a quelques mois.

Mes adversaires, devenus des ENNEMIS, redoublent de
rage et d'acharnement, et ce n'est pas assez des armes de
la loi pour me frapper, ils emploient pour me nuire le
mensonge et la calomnie. Afin de les arrêter un instant,
et pour essayer d'arriver à composition, j'interjette appel
des deux premiers jugements du Tribunal de commerce,
car mon adversaire, qui se dit demeurer à Versailles, rue
Montebello, n° 1, et que je cherche à voir, est introu-
vable à ce domicile.

Ensuite, dans le courant de novembre dernier, j'é-
cris au sieur Carette. Voici plusieurs passages de ma
lettre :

« Monsieur Carette,

« Vous vous êtes, depuis votre arrivée à Boulogne, toujours

« acharné contre moi, tandis que moi, je ne vous ai jamais rien
« fait.

« Et depuis que vous êtes chargé de l'affaire de mon ex-
« associé, vous redoublez vos tracasseries. Je pourrais me ser-
« vir d'une autre expression, mais il n'est pas dans ma nature
« d'être acerbe, acrimonieux ou méchant.

« Depuis que vous connaissez mon changement de position,
« votre acharnement est sans limites.

« Est-ce là de l'humanité de votre part?

« ..... Je sais que la lutte est inégale, mais au moins ayez
« de la générosité, n'excitez pas votre client, en lui tenant des
» propos qui sont loin d'être la vérité. Un galant homme ne
« doit pas agir ainsi que vous le faites à mon égard.

« Aussi qu'est-il arrivé, depuis que vous avez ébruité dans la
« ville que je plaidais avec le comte Festetits et que vous
« avez fait entrevoir que mon cabinet pourrait bien dispa-
« raître?

« Un premier concurrent : M. ***.

« Puis un second concurrent, votre homonyme.

« Cette concurrence est votre ouvrage, Monsieur; et malgré
« la perspective d'une position mauvaise, cette concurrence,
« je ne la redoute pas.

« J'ai une clientèle personnelle, parce que je ne suis ni pro-
« cessif ni chicanier.

« Je vis de mon métier honorablement et sans petits moyens;
« je défends et soutiens mes clients le plus intelligemment
« possible, sans jamais les exciter contre leurs adversaires.

« Je rapproche les individus et ne les éloigne pas.

« Vous, au contraire, vous excitez vos clients contre les
« miens, et cette manière de faire doit vous être préjudiciable
« autant qu'à eux.

. . . .

« Admettez que vous continuiez votre acharnement contre
« moi, au nom de mon adversaire, vous ne ferez jamais dis-
« paraître mon cabinet, et, en me poursuivant, vous n'aurez
« satisfait qu'une *vengeance personnelle*, vengeance chiméri-
« que, née d'une jalousie irréfléchie.

. . . .

« Vous avez aussi cherché à m'établir une mauvaise réputa-
« tion, vous avez échoué de ce côté.

« Ma vie passée était là pour vous combattre.

« Il est résulté de votre calomnie que vous m'avez *créé des*
« *amis, des personnes auxquelles vous m'aviez dénoncé.*

. . . .

« Maintenant, Monsieur, en votre double qualité d'adver-
« saire et de confrère, voulez-vous tenter un rapprochement?
« . . . Veuillez me répondre franchement, sans aigreur
« et sans arrière-pensée.

« Recevez, etc. »

Inutile de dire que cette lettre est restée sans réponse.

On m'assure que mon adversaire demeure à Paris.
Effectivement, je finis par découvrir sa résidence dans
un hôtel garni du passage Colbert.

Alors des personnes honorables essaient d'intervenir.
Mes amis sont émus du mal qu'on me fait. M. Adolphe Coif-
fier, ancien rédacteur en chef de *l'Ouest parisien*, M. Lan-
guellier, huissier à Paris, Mme la baronne de Lorcet, direc-
trice des postes à Boulogne, M. Coron, ancien huissier à
Sèvres, M. Auguste Carrette (DEVENU MON CONCURRENT),
M. Clément Drouard, propriétaire, président de la Société des blanchisseurs de la Seine et de Seine-et-Oise,
M. Mongé, fabricant de bijouterie à Paris, M. Molesini-
Sautel, officier supérieur en retraite, tous constatent suc-
cessivement l'insuccès de leurs démarches.

Me Poullet, avoué à la Cour impériale, qui m'avait écrit
un jour : ON VEUT VOUS MENER TAMBOUR BATTANT, et Me Henri
Langlois, mon avocat, font à leur tour des démarches
actives. Des rendez-vous sont pris chez Me Manchon, l'a-
vocat de mon adversaire, et Me Manchon lui-même se
montre favorable à l'arrangement. Peines inutiles ! Tout
échoue devant les excitations et les conseils perfides. On
allègue *que je ne veux pas ouvrir mes coffres.* (Textuel.)

M. Jules Levallois, critique littéraire à *l'Opinion na*

tionale, et M. de Beaupré, avocat, docteur en droit, font aussi de nombreuses démarches en ma faveur. M. de Beaupré s'est vu outrager de la manière la plus ignoble par l'instigateur de tout ce mal, à l'effet de l'intimider et de le décourager sans doute, lui qui cherchait à me rapprocher de mon adversaire.

Cependant une lueur d'espoir m'était apparue un instant. M. Jules Levallois m'avait écrit :

« Bonne nouvelle! J'ai vu Mᵉ ***. Il fera pour vous, mon
« cher ami, tout ce qui sera humainement possible. C'est
« même déjà probablement fait. S'il y a la moindre *anicroche*,
« prévenez-moi sur-le-champ. »

Mᵉ Henri Langlois croit aussi à l'arrangement de l'affaire, *et l'arrêt de la Cour impériale est rendu sans plaidoirie.*

Mais ce n'est pas un arrangement que veut le sieur Victor Carette, c'est ma ruine, c'est ma chute!

Sans égards pour ma vieille mère, sans égards pour mon enfant, il remet les pièces à un garde du commerce.

Je passe ici des détails sur certains faits. (J'ai porté plainte à M. le procureur impérial.)

Enfin le mercredi 6 février, les recors frappent à ma porte. Inutile de dire que je ne répondis pas. Je les vis tous par ma fenêtre, et je jurai de ne point tomber entre leurs mains.

A partir de ce jour, le sieur Victor Carette ne met plus de bornes à ses mauvaises actions et à ses calomnies. Il ajoute aux frais de nouveaux frais, et dit à qui veut l'entendre, que je suis en prison. Les mots de police correctionnelle, de Cour d'assises qu'il avait déjà prononcés, à mon endroit, sont répétés par lui et parcourent la ville rapidement.

Le 27 février je pris le parti d'écrire à mon ex-associé. Voici quelques extraits de ma lettre :

« Monsieur le comte,

« La persistance que vous mettez à me poursuivre ne s'ex-
« plique que par l'intérêt de votre mandataire à me renverser,
« car j'ai eu l'honneur de vous écrire que la guerre de votre
« patrie, qui a été si désastreuse pour tous les financiers, ne
« m'avait pas épargné.

« Mais ce qui est difficile à comprendre, c'est que vous vous
« faites l'écho d'absurdités et d'abominations de toutes sortes
« à mon endroit, et que vous les répétiez complaisamment aux
« personnes qui se rendent auprès de vous, pour vous parler de
« moi.

« Si au lieu d'employer des intermédiaires jaloux et mé-
« chants, oui, jaloux de ma position acquise laborieusement
« par le travail, position que vous venez de compromettre gra-
« vement; si, au lieu, dis-je, d'employer des gens mauvais,
« vous m'ayez fait demander, afin de me faire part de vos in-
« tentions, vous auriez mieux fait assurément. Mais non, cé-
« dant à des instigations malveillantes et haineuses contre
« moi, vous qui n'aviez aucun motif à m'en vouloir, vous avez
« préféré commencer le mal, et Dieu sait ce qu'il vous coûte
« et où vous l'arrêterez!

« Vous avez remis aux mains d'un homme..... le pouvoir de
« tout faire, hors le bien. Il a agi.

« Il a commencé par divulguer le secret des affaires, en di-
« sant à qui voulait l'entendre, que vous m'intentiez un procès;
« ensuite il a déblatéré contre moi, et un calomniateur aidant,
« il a effrayé une partie de la population boulonnaise.

« Était-ce le moyen de servir vos intérêts et de me procurer
« la facilité de vous rembourser?

« J'en appelle un moment à votre raisonnement et à votre
« conscience.

« Le mal est fait maintenant. Sera-t-il réparable? C'est à
« vous, Monsieur le comte, à le décider.

« Mais si votre mandataire ne s'était servi que de ces
« armes-là, l'opinion publique aurait eu à juger. Non, il a
« trouvé le moyen de vous faire dépenser une somme consi-

« dérable, tandis qu'à l'aide de quelques centaines de francs,
« il pouvait amener l'affaire où elle en est.

« Vos pièces mêmes, que vous lui aviez confiées au début de
« l'affaire, ont été égarées.

. . . .

« Est-ce ainsi qu'on procède ordinairement dans les *inté-*
« *rêts d'un client?* . . . .

« Continuez donc le mal tant que vous voudrez, cédez aux
« suggestions d'hommes mauvais, soyez généreux envers eux
« . . . . tout cela c'est votre
« affaire; mais pour Dieu, je vous défends, Monsieur le comte,
« d'insulter ma mère et ma fille, ou j'irai vous en demander
« raison.

« Ma mère est une digne, honnête et sainte femme qui a
« sacrifié ses nuits et le fruit de son travail pour m'élever, et
« elle mérite votre respect.

« N'est-ce pas assez que vous cherchiez à lui retirer le pain
« de ses vieux jours, en essayant de m'arracher d'auprès
« d'elle?

. . . .

« Quant à moi, dites tout ce que vous voudrez, le jour se
« fera bientôt; où la victime dévoilera publiquement ses calom-
« niateurs.

« Que désirez-vous? — Votre argent! — Moi je désire vous
« payer, et pour vous payer je vous demande du temps.

« Agréez, etc. »

Près de quinze jours se passèrent sans réponse, quand
le **13 mars** je reçus une letre du sieur Victor Carette, laquelle se terminait ainsi :

« Je ferai auprès de **M.** le comte tous mes efforts pour vous
« être agréable dans cette affaire. »

M'être agréable après *trois mille francs de frais!* Quelle
dérision !

Et le croirait-on? C'était un piége!

Oui, un piége. Cette lettre, datée du **13 mars**, m'est
envoyée le **14**, et le lendemain, vendredi **15 mars**, à sept

heures précises du matin, sur l'ordre du sieur Victor Carette, les gardes du commerce, cette fois au nombre de
six, font une nouvelle tentative d'arrestation.

De même que les fois précédentes, je n'ouvre pas, et
je me tiens enfermé chez moi. Les gardes du commerce
s'en retournent encore une fois comme ils étaient venus.

Plusieurs personnes dignes de foi m'ont assuré que ce
jour-là, **15** mars, mon cher *confrère* était à sa fenêtre
avant sept heures du matin, et qu'il y est resté jusqu'à
huit heures et demie.

On l'avait informé que j'étais réellement chez moi, et il
avait été probablement convenu avec les recors qu'ils
passeraient lui dire : Nous le tenons !

Mais les portes de Clichy ne devaient pas s'ouvrir pour
moi.

Comme il a dû être déçu, cet homme !

Qu'importe, le mal est fait. Le désastre commence... Il
jouit de son triomphe.

Mes clients envahissent ma maison et mes bureaux.
Ils viennent réclamer leurs pièces, leurs titres et leurs
comptes.

Les plus acharnés se rendent chez le triomphateur et
lui donnent des ordres contre moi. Ce qui lui fait dire à
plusieurs personnes : *Son cabinet n'existe plus, ses clients
sont à moi !*

Je fais part de la conduite de mes ennemis à un per-
sonnage éminent qui s'intéresse vivement à ma famille ;
il me répond ; et sa lettre contient une phrase qui dé-
montre que dans le camp de mes adversaires je suis
l'objet de quelque sympathie, cette phrase ; la voici :

« J'ai vu hier **M.** ***. Il fait des vœux pour vous, car il est
« indigné contre le *triumvirat.* »

Mais en présence de la situation exceptionnelle où
m'ont placé mes ennemis, je prends la résolution de

m'adresser publiquement aux habitants de Boulogne et à mes clients, et je viens franchement leur dire :

Vous ne pouvez pas vous associer au mal qu'on me fait et que je ne mérite pas.

Je n'ai jamais commis une seule action contraire à l'honneur et à l'équité ;

Je n'ai démérité de la confiance de qui que ce soit ;

Aucune condamnation ne porte atteinte à mon honorabilité ;

Aucun débiteur malheureux ne me doit ni sa gêne, ni sa misère, ni sa ruine ;

J'ai aidé mes voisins, mes clients, mes amis, des inconnus même, bien souvent ;

Voulez-vous, comme par le passé, m'honorer de votre confiance et du soin de vos affaires et de vos intérêts? Plus que jamais, j'ai besoin de travailler, afin de désintéresser mon créancier, et afin de réparer l'immense désastre dont je viens d'être victime soudainement.

Maintenant, mon devoir est de remercier toutes les personnes dont j'ai cité les noms plus haut, et toutes celles que je ne puis nommer ici (et elles sont nombreuses), pour toutes les bontés qu'elles m'ont prodiguées et toutes les démarches qu'elles ont faites pour moi.

Leur tout dévoué et reconnaissant,

Eugène CHATELAIN,

28, rue d'Aguesseau, à Boulogne-sur-Seine,
et 129, rue Saint-Honoré, à Paris.

Au moment de mettre sous presse, je viens d'adresser à mon ex-associé la lettre suivante :

« Monsieur le comte,

« Maintenant que la ruine a dévasté ma maison, vous devez être satisfait.

« Relisez ma correspondance d'autrefois, et vous y lirez cette phrase que je vous écrivais un jour : « *Celui qui fait* « *pleurer les autres n'a pas un bon cœur.* »

« Hélas! à ce moment, j'étais loin de penser que vous auriez fait répandre des larmes à ma mère, à cette femme que vous honoriez tant.....

« Et vous rappelez-vous, Monsieur le comte, les paroles que vous prononciez à toutes les personnes auxquelles vous parliez de moi, il y a trois ans à peine, notamment à Mme la comtesse de Montendre?

« Cet homme, disiez-vous, m'est dévoué, ses réflexions « sont justes, ses conseils sont bons. Je ne regrette qu'une « chose, c'est que M. Chatelain ait l'air d'un jeune homme, je « désirerais lui voir des cheveux blancs. »

« Vous les avez fait pousser, mes cheveux blancs, Monsieur le comte. Et sachez bien que si Dieu me conserve à la vie, je resterai, dans l'âge viril et dans la vieillesse, aussi honnête que dans mes jeunes années.

« Je ne suis et ne serai jamais un « *malhonnête homme* » parce que j'ai été ruiné soudainement et que je suis devenu votre victime.

« Je saurai me relever et je vous désintéresserai; et, permettez-moi de vous dire, à vous, Monsieur le comte, qui êtes plusieurs fois millionnaire, que si par le travail la fortune me vient un jour, je l'emploirai à aider les *pauvres honteux*, comme j'en découvrais il y a quatre ou cinq ans, et que par mon intervention vous soulagiez quelquefois..... Vous en souvenez-vous?

Ah! lorsqu'on pense qu'avec les cinq ou six mille francs que vous avez dépensés à me poursuivre, vous auriez pu venir en aide à plus de cent familles indigentes!... Hélas!

« Vous avez dit à quelqu'un que vous considériez votre créance perdue.

« Si vous pensez toujours ainsi, voulez-vous déléguer aux pauvres de la ville de Boulogne, que vous avez habitée pendant dix ans, la somme que je vous dois?

« Ce sera de votre part un acte de haute générosité, et pour moi, ce sera l'obligation sacrée d'acquitter ma dette envers vous.

« De cette manière, les pauvres vénéreront votre nom; et moi, je pourrai dire à mes clients, au nombre desquels j'espère bien vous voir revenir :

« JE TRAVAILLE POUR LES PAUVRES.

« Recevez, etc.

« EUGÈNE CHATELAIN. »

P. S. Votre tentative du 15 avril a échoué. Sera-ce la dernière? Vous ne pourrez plus dire que vous êtes le plus sincère admirateur de l'Empereur des Français.

Boulogne, le 21 avril 1867.

A partir du 1er mai, je serai visible chez moi, à Boulogne, de 8 heures à 11 heures du matin; le soir de 7 à 8 heures; le dimanche jusqu'à midi, et à Paris, tous les jours, de 3 à 5 heures (les dimanches exceptés).

Paris. — Imp. Émile Voitelain et Cᵉ, rue J.-J.-Rousseau, 15.

www.ingramcontent.com/pod-product-compliance
Lightning Source LLC
Chambersburg PA
CBHW051413060726
47596CB00005B/2201